Mis 365 mejores ADIVINANZAS

Ilustraciones: ELENA G. AUBERT

LIBSA

c/ San Rafael, 4
28108 Alcobendas Madrid
Tel.: (34) 91 657 25 80
Fax: (34) 91 657 25 83
e-mail: libsa@libsa.es
www.libsa.es

ISBN: 978-84-7630-904-9

El mundo NATURAL

1

Blanco fue mi nacimiento,
colorada mi niñez,
y ahora que voy para vieja
soy más negra cada vez.

2

Animal soy, desde luego;
me llaman el jorobado,
y que tengo cuatro patas
ya se da por descontado.

3

Aunque no es un hombre,
lleva sombrero
y al cesar la lluvia
sale el primero.

4

Me gusta subir montañas
y respirar aire puro,
tengo barba y no soy hombre;
¡por mis cuernos te lo juro!

5

Tengo cabeza redonda,
sin nariz, ojos, ni frente,
y mi cuerpo se compone
tan sólo de blancos dientes.

6

Soy roja como el rubí
y llevo pintitas negras;
me encuentras en el jardín,
en las plantas y en la hierba.

7

Tiene la lengua más larga
de todo el reino animal,
y puede cambiar de color
para no pasarlo mal.

8

Dice todo lo que sabe
él solo o formando coro.
Verde, enjaulado, es ave
y tiene el nombre de...

9

Bonito traje emplumado
y en la boca un gran bolsillo
que cuando sale a la mar
se llena de pececillos.

10

Siempre ilumino el entorno
en donde quiera que esté;
vuelo, me voy y retorno
y gusto a todo el que me ve.

11

Cuando canta,
tanto espanta,
que sobresalta
a la gente,
con el grito
en la garganta,
y las alas
en la frente.

12

Blanco como el papel,
colorado como el clavel,
pica y pimiento no es.

13

Verde me crié,
rubio me cortaron,
duro me molieron,
blanco me amasaron.

14

Dura por arriba,
dura por abajo,
cabeza de culebra
y patas de lagarto.

15

Dígame, ¿quién dice,
ya le pregunten o no,
con la cabeza que sí
y con la cola que no?

16

En blanco pañal nací,
en verde me transformé,
y durante el crecimiento,
amarillo me quedé.

17

Este animal es famoso
porque siete vidas tiene;
cuando un ratón se le acerca
cazándolo se entretiene.

18

Soy una loca amarrada
que sólo sirvo
para la ensalada.

19

Con mi cara encarnada,
mi ojo negro
y mi vestido verde
el campo alegro.

20

¿Qué es, qué es,
del tamaño de una nuez
que va subiendo la cuesta
pero no tiene pies?

21

Su padre relincha
con pésima voz;
su madre rebuzna
y suelta una coz.

22

Le toca nacer dos veces:
la primera de un huevito,
la segunda de un capullo,
y sus alas luce con orgullo.

23

Una señorita
va por el mercado
con su cola verde
y el traje morado.

24

Una viejita titiritaña
que sube y baja
por la montaña.

25

Figura redonda,
cuerpo colorado,
tripas de hueso
y zancos de palo.

26

Arca monarca
de gran poder,
que ningún carpintero
la pudo hacer.

27

Adivina, adivinanza:
¿Quién puso el huevo
en la paja?

28

Pie por pie fueron calzando
hasta los cien que tenía,
y para calzarle todos
tardaron más de cien días.

29

Adivina quién soy:
cuando voy,
vengo,
y cuando vengo,
voy.

30

Es mi lugar de descanso,
después de pasar la vida
ondeando en verdes campos
y cuando acaba la trilla.

31

Noble porte y bella cola
tiene este fiel animal
que corre por los caminos
con zapatos de metal.

32

Del huevo blanco y hermoso
una mañana nací,
y al calor de una gallina
con mis hermanos crecí.

33

Da pavor al elefante
este pequeño valiente,
pero el gato, más astuto,
no le teme
y le hinca el diente.

34

Es tan grande mi fortuna
que estreno todos los años
un vestido sin costuras
de colores salpicado.

35

Tras, tras,
la cabeza para atrás.

36

Dos orejas a los lados
enmarcan mi prominencia
y dos sables de marfil
dan decoro a mi presencia.

37

Aunque tengo traje a rayas
por la cárcel no he pasado;
vivo libre en la sabana
y soy prima del caballo.

38

Mi picadura es dañina,
mi cuerpo insignificante.
pero el néctar que te doy
te lo comes al instante.

39

¿Quién hace en los troncos
su oscura casita
y allí esconde, avara,
lo que necesita?

40

Adivina, adivinanza:
¿quién lleva una bolsa
en la panza?

41

Alto, altanero,
gran caballero;
gorro de grana,
capa dorada,
y espuelas de acero
canta el primero.

42

Con cuatro hojitas
me has de coger
si buena suerte
quieres tener.

43

En el campo me crié
balando como una loca,
y me ataron de pies y manos
para quitarme la ropa.

44

Primero blanca nací,
después verde me quedé,
y cuando dorada torné,
hiciste un zumo de mí.

45

De cierto animal dí el nombre:
es quien vigila la casa,
quien avisa si alguien pasa,
y un fiel amigo del hombre.

46

Sus hijos son amarillos
y llevan camisa blanca;
cada vez que tiene uno,
alborota por la casa.

47

Es como un palo
que silva sin ser flauta,
y todo el que la ve
se espanta.

48

Sal al campo por la noche
si me quieres conocer.
Soy señor de grandes ojos,
cara seria y gran saber.

49

Somos bolitas redondas
que al morir nos despedazan,
nos reducen a pellejo
y todo el zumo nos sacan.

50

Tiene hocico y no es un perro,
tiene aletas y no es pez,
tiene bigote y no es gato
y, además, nada. ¿Quién es?

51

Tengo capa sobre capa;
si me las quieren quitar
nadie de llorar escapa.

52

En lo alto vive,
en lo alto mora,
en lo alto teje
la tejedora.

53

Su traje es color rosado,
sus medias anaranjadas,
y mete su pico curvo
a cada rato en el agua.

54

Verde nace,
verde se cría
y verde sube
las piedras arriba.

55

Alta en altura,
delgada en cintura,
muchos aposentos,
puertas ninguna.

56

La respuesta te daré
prácticamente en bandeja:
soy yo quien hace la miel,
así pues yo soy la...

57

Blanco fue mi nacimiento,
más negra mi juventud,
y de adulto ya no tengo
ni una pluma en la testuz.

58

Es una flor muy hermosa,
tiene por nombre un color;
nos deleita con su olor
y en todo el mundo
es famosa.

59

Nadie admira tu cantar,
ni tus patas, ni tu pico.
Todos se quedan
prendados
de tu espléndido
abanico.

60

Sin mí no tendrías pan,
ni pasteles, ni empanadas;
nazco verde y soy dorada
por los días de San Juan.

61

En lo alto vive,
en lo alto vuela,
en lo alto toca
la castañuela.

62

Vive en pie constantemente,
con los brazos hacia fuera;
se desnuda en el otoño
y se viste en primavera.

63

Tiene ojos y no ve,
tiene agua y no la bebe,
tiene carne y no la come
tiene barba y no es hombre.

64

Es largo, largo;
es seco, seco
y guarda los huesos
en el pescuezo.

65

Estudiante que estudias
a la luz de una vela,
¿qué animal no es un ave
pero como ella vuela?

66

Viste un chaleco blanco
y también de negro frac.
Es un ave que no vuela
y es anfibio, ¿qué será?

67

Soy amarillo por dentro
y de blanco cascarón
en el mundo
me hizo célebre
un tal Cristobal Colón.

68

Por tu aroma y tu color
para adornarse te clavan
las mujeres en su pelo,
los hombres en la solapa.

69

Sombrero sobre sombrero
de un arrugado paño.
Si no lo adivinas ya,
no lo harás en todo el año.

70

¡Epa, epa!
Me llevan al trote
y en cada esquina
me dan un azote.

71

Pompón suave que pasea
de mata en mata, a saltitos;
tiene largas las orejas
pero muy corto el rabito.

72

Un bichito verde
sobre la pared,
corre que te corre,
busca qué comer.

73

Soy un viejo arrugadito
que si me echan al agua
salgo mucho más gordito.

74

Que era un cochino, decía
la gente puesta de acuerdo,
y la inmensa mayoría
se comía luego el...

75

Hay una flor pizpireta
en el fondo del jardín
de hermoso color violeta.
¿Su nombre? Ya te lo di.

76

Verde fue mi nacimiento
y de luto me vestí;
los palos me atormentaron
y oro fino me volví.

77

Célebres melenas tiene
y en los circos, enjaulado,
a los niños entretiene.

78

Yo sé de una campanita
que quedo quedito toca
y tan sólo puede oírla
la pequeña mariposa.

79

Un pequeño saltarín
que sea de noche o de día
nos ofrece serenatas
sin guitarra ni violín.

80

Sin aire no sobrevivo
y sin la tierra me muero;
tengo yemas y no soy huevo,
tengo copa y no soy sombrero.

81

Dos torres altas,
dos miradores,
un quitamoscas,
cuatro andadores.

82

Nico, Nico y su mujer
tienen cola, pluma y pico,
y los hijos de Nico, Nico
poca cola, pluma y pico.

83

Soy pequeño
y alargado,
y en dos
conchas colocado.
Como nadar
yo no puedo,
entre las rocas
me quedo.

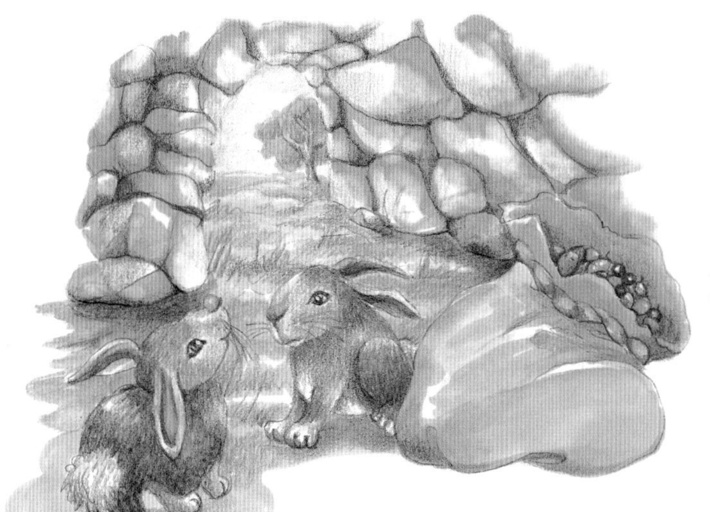

84

Tiene las orejas largas
y la cola de algodón.
En los corrales se cría
y a mí me gusta un montón.

85

Tiene seis patas
y no es un banco,
tiene golilla
y no es escribano,
toca el clarín
y no es clarinero,
hace albóndigas
y no es cocinero.

El mundo NATURAL

SOLUCIONES

1 mora
2 camello
3 seta
4 cabra
5 cabeza de ajos
6 mariquita
7 camaleón
8 loro
9 pelícano
10 luciérnaga
11 burro
12 un rábano
13 trigo
14 tortuga
15 el pato
16 limón
17 gato
18 la lechuga
19 amapola
20 caracol
21 la mula
22 mariposa
23 la berenjena
24 hormiga
25 cerezas
26 cáscara de nuez
27 la gallina
28 ciempiés
29 el cangrejo
30 el pajar
31 caballo
32 un pollito
33 ratón
34 serpiente
35 lechuza
36 elefante
37 cebra
38 abeja
39 ardilla
40 el canguro
41 gallo
42 un trébol
43 la oveja
44 naranja
45 perro
46 la gallina
47 culebra
48 búho
49 uvas
50 una foca
51 cebolla
52 araña
53 flamenco
54 lagartija
55 caña de trigo
56 abeja
57 un buitre
58 la rosa
59 pavo real
60 espiga de trigo
61 cigüeña
62 los árboles
63 un coco
64 pavo
65 murciélago
66 pingüino
67 el huevo
68 clavel
69 coliflor
70 caballo
71 un conejo
72 lagartija
73 los garbanzos
74 cerdo
75 la violeta
76 aceituna
77 león
78 campanillas
79 grillo
80 un árbol
81 buey (o toro)
82 el gallo, la gallina y los pollitos
83 mejillón
84 conejo
85 escarabajo pelotero

La vida COTIDIANA

1

Una casita con dos ventanas
que bizco te pones
si quieres mirarla.

2

Adivina, adivinanza,
¿qué tiene el rey en la panza
igual que cualquier mendigo?

3

Con unos zapatos grandes
y la cara muy pintada,
soy el que hace reír
a toda la chiquillada.

4

Duros como las piedras,
para el perro un buen manjar,
y sin ellos no podrías
ni saltar ni caminar.

5

Recojo frutos sin siembra
y mi tractor viene y va;
allí por donde trabajo,
nadie puede caminar.

6

Cuando nací era tan raro
que muchos me rechazaron,
pero al crecer, mi belleza
dejó a todos asombrados.

7

Dos niñas asomaditas
cada una a su ventana;
las dos van siempre a la par
y no se pueden mirar.

8

Andando por el desierto
una lámpara encontró,
intentó sacarle brillo
y un genio apareció.

9

Redondo como una cazuela,
tiene un ala y no vuela.

10

Soy de lana calentita
y si me pones del revés,
todas las costuras ves.

11

Hago paredes,
pongo cimientos
y a los andamios
subo contento.

12

Dos guaridas cálidas
con sus escondrijos,
para dos hermanos
y sus quintillizos.

13

Si eres muy inteligente,
lo podrás adivinar:
van puestas en mi nariz
y sirven para mirar.

14

Como una culebra
soy larga, muy larga;
me enrosco en el cuello,
doy vueltas y cuelgo.
Si no me adivinas
pasarás frío en invierno.

15

Mi padre al cuello la ata
y poco a poco la aprieta
hasta llegar a su meta.

16

Redondo, redondo,
barrilito sin fondo.

17

Voy rodeando tu cintura
en más de una ocasión
y si no es por mi ayuda,
se te cae el pantalón.

18

En una casa de cuero
hay cinco hermanos distintos;
que lo adivines espero.

19

Cuando iba,
fuí con ellas.
Y cuando volví,
me encontré con ellas.

20

Una enfrente de la otra,
no se pueden separar,
y al pasar un coche en medio
se terminan de juntar.

21

Con las herramientas
que llevo al costado
trabajo, escribo,
me rasco y me lavo.

22

Es una cosa potente
que sin piernas y sin alas,
crece, vuela, atraviesa
y retumba en el ambiente.

23

Dos hermanas son,
pero muy distintas
en educación.

24

Por comerse una manzana
de un árbol del Paraíso
tuvieron que reprenderle
y echarle sin previo aviso.

25

Treinta caballitos blancos
en una colina roja,
lo mismo muerden que aprietan,
y sin salir de tu boca.

26

Dos hermanitos
muy igualitos,
si llegan a viejos
abren los ojitos.

27

El hermano de mi tío,
no siendo tío mío,
¿sabes qué es mío?

28

Adivina, adivinador:
llevo un parche
sin ser tambor,
y tengo anzuelo
sin ser pescador.

29

Son dos cortinas
en dos ventanitas
que bajando ocultan
dos niñas bonitas.

30

A veces vamos brillantes,
a veces llenos de barro,
y solemos ir cansados
porque por el suelo andamos.

31

Yo te protejo del frío
y de los rayos del sol;
no soy gorra ni sombrero,
pero te cubro mejor.

32

Caminar es su destino,
yendo de casa en casa.
Y de su saco de cuero
saca paquetes y cartas.

33

Si su esposa era Gimena,
y su nombre don Rodrigo,
sus hijas Elvira y Sol:
¿qué personaje te digo?

34

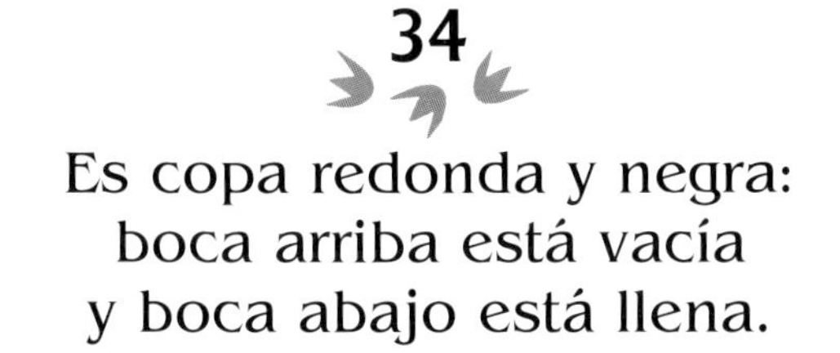

Es copa redonda y negra:
boca arriba está vacía
y boca abajo está llena.

35

Una pregunta muy fácil
sabiéndola preguntar:
¿qué es aquello que remojan
cuando la van a cortar?

36

Con su caballo y con su escudero
sale por La Mancha este caballero.
Quiere justicia, busca aventuras
y encuentra palos y desventuras.

37

Aunque tenemos dos piernas
no podemos caminar,
pero vamos con el hombre
a donde nos quiera llevar.

38

Calzado con unas botas,
un gato muy avispado,
dijo unas cuantas mentiras
para ayudar a su amo.

39

No hay ningún día del año
en que pueda descansar;
siempre en tu pecho cantando
con mi rítmico tic-tac.

40

¿Quién es la que vuela
y no tiene alas?
¿Quién construye sueños
y tu mente alegra?

41

Un pequeño corazón
a tu muñeca amarrado
que mide con precisión
el tiempo que ha pasado.

42

Es una señora
muy señoreada,
siempre va a cubierto
y siempre está mojada.

43

Con esas orejas tan grandes
y esos dientes afilados
no podía ser su abuela
quien allí estaba tumbado.

44

Alrededor de tu cuello
dos alitas bien plantadas;
no tienen plumas ni vuelan,
ni se mueven para nada.

45

Por el ojo salgo,
por el ojo entro;
te ajusto las prendas
y quedo contento.

46

Su madrastra la envió
al bosque a encontrar la muerte,
pero siete amigos fieles
la libraron de tal suerte.

47

Cinco hermanos muy unidos
que no se pueden mirar.
Si pelean, aunque quieras,
no los puedes separar.

48

Si sopla el aire,
a la cara viene.
Quien es calvo
no lo tiene.

49

Con un trozo de madera
un hombre lo construyó.
Como era muy mentiroso
la nariz se le estiró.

50

Por más puntos que yo tenga
no llevo palabra escrita;
me sacaron de la oveja
dejándola desnudita.

51

El zapato de cristal
que el príncipe te probó
demostró que habías sido
la joven que lo enamoró.

52

¿Qué cosa será
que cuanto más aumenta
más vacía está?

53

Sin ninguna ceremonia
con su sombrero calado,
viaja delante del rey,
del papa o del magistrado.

54

Ahora voy delante,
ahora voy detrás,
pero si me paro
dejas de avanzar.

55

Mi ser por un punto empieza
y por otro ha de acabar.
El que mi nombre acertase
sólo dirá la mitad.

56

Para ver a su abuelita
la niña con una cesta
el bosque cruzó;
y el lobo malvado,
que la esperaba,
¡ay! ¡Casi se la comió!

57

Una puerta,
dos ventanas,
dos luceros,
una plaza.

58

A fuerza de martillazos
cambia la naturaleza;
transforma piedras en rostros
y la materia en belleza.

59

Entre muralla y muralla
sale una flor colorada;
y llueva o no llueva
siempre está mojada.

60

Tengo los zapatos rotos
por la suela y el tacón.
¿Quién me los ha de arreglar
con la lezna y el punzón?

61

En las manos de las damas
casi siempre estoy metido;
unas veces estirado,
y otras veces encogido.

62

Un mapa con mil caminos
que no van a ningún lado.
No me preguntes qué es
y dale la vuelta a tu mano.

63

Pequeño pero valiente,
su hazaña es muy comentada,
por haber dado a un gigante
una tremenda pedrada.

64

Nunca podrás alcanzarme
aunque corras tras de mí,
y por más que quieras irte
siempre estaré junto a ti.

65

Aunque me llevas oculta
también soy muy importante.
Si me pones en invierno
te quito el frío al instante.

66

Nació en un planeta extraño,
trabaja de periodista,
se transforma en un instante
y defiende la justicia.

67

¿Quién es el que anda
de mañana a cuatro pies,
a mediodía con dos
y por la noche con tres?

68

Soy ojo,
pero no veo;
tengo pestañas
y no son de pelo.

69

A los lados las tienes,
las ves sólo en el espejo
y muchas veces las rascas
sin fruncir el entrecejo.

70

Puedo sostener un plato
con la punta de un pincel;
puedo rodar la pelota
con los dedos de los pies.

71

Un hada malhumorada
hizo este hechizo a la niña:
«Por cien años dormirás
si con un huso te pinchas».

72

La llevan todas las niñas
y también los escoceses,
romanos y babilonios
y hasta los mismos cretenses.

73

Por una escalera larga,
peldaños blancos y negros,
sube y baja a sus diez hijos
con sonoros martilleos.

74

Tengo un hermano gemelo
tan gordito como yo,
y otros ocho hermanitos
más delgados, sí señor.

75

No tuvo padre ni madre
y nació siendo ya hombre.
Todos somos sus parientes
y es bien sabido su nombre.

76

De camino hacia la escuela
voy siempre sobre tu espalda
llevándote los cuadernos
y todo lo que haga falta.

77

Sobre lienzos o en papel,
¡qué bien emplea el color
con lápices o pincel!

78

En vez de dar,
corta y quita
y por eso cobra
su paguita.

79

Sea de noche o de día,
haga frío, haga calor,
hay algo que siempre cubre
por detrás al corazón.

80

Dos abanicos que danzan
todo el día sin parar;
y cuando por fin te duermas
quietecitos quedarán.

La vida COTIDIANA

SOLUCIONES

1 nariz
2 el ombligo
3 payaso
4 huesos
5 pescador
6 cisne
7 niñas de los ojos
8 Aladino
9 sombrero
10 jersey
11 albañil
12 guantes
13 las gafas
14 bufanda
15 corbata
16 anillo
17 cinturón
18 zapato
19 las huellas
20 cremallera
21 los brazos
22 eco
23 manos
24 Adán
25 dientes
26 zapatos
27 mi padre
28 pirata
29 párpados
30 zapatos
31 la ropa
32 cartero
33 El Cid
34 sombrero bombín
35 barba
36 Don Quijote
37 pantalón
38 El Gato con Botas
39 corazón
40 la imaginación
41 reloj de pulsera
42 la lengua
43 lobo
44 el cuello de la camisa
45 un botón
46 Blancanieves
47 dedos (manos)
48 el pelo
49 Pinocho
50 jersey de lana
51 Cenicienta
52 la calva
53 chófer
54 los pies
55 las medias
56 Caperucita
57 cara
58 escultor
59 lengua
60 zapatero
61 abanico
62 palma de la mano
63 David (y Goliat)
64 sombra
65 camiseta
66 Superman
67 los humanos
68 ojal
69 orejas
70 malabarista
71 Bella Durmiente
72 la falda
73 pianista
74 dedos (manos)
75 Adán
76 mochila
77 pintor
78 peluquero
79 espalda
80 pestañas

La magia de las COSAS

1

Salgo de la habitación
y entro en la cocina
meneando la cola
como una gallina.

2

La frescura del jardín,
el colorido del campo
y de la naturaleza el sol,
conmigo adornan los cuartos.

3

A pesar de tener patas
yo no me puedo mover;
llevo encima la merienda
y no me la puedo comer.

4

Me componen cuatro palos
impresos en cartulina.
Tengo reyes y caballos:
seguro que me adivinas.

5

Corta y no es un cuchillo,
afila y no es afilador;
él te presta sus servicios
para que escribas mejor.

6

Una casa pintoresca
vestida de mil colores;
entran el pobre y el rico
para dejar sus valores.

7

Soy de color amarillo
lo mismo que mis hermanas;
y si nos ponen al fuego,
de un brinco quedamos blancas.

8

Con el dinero los compro,
con los dedos los deslío
por la cara me los como
y su nombre ya te he dicho.

9

Habla y no tiene garganta,
entona y no tiene voz;
si quieres que cante, canta,
y si no lo quieres, no.

10

Y lo es, y lo es, y lo es...
y tú no me lo aciertas
ni en un mes.

11

A tu boca voy,
y con ancha cara
la sopa te doy.

12

En la colmena nacieron,
luego colores les dieron,
y recorriendo el papel
pequeñas pronto se hicieron.

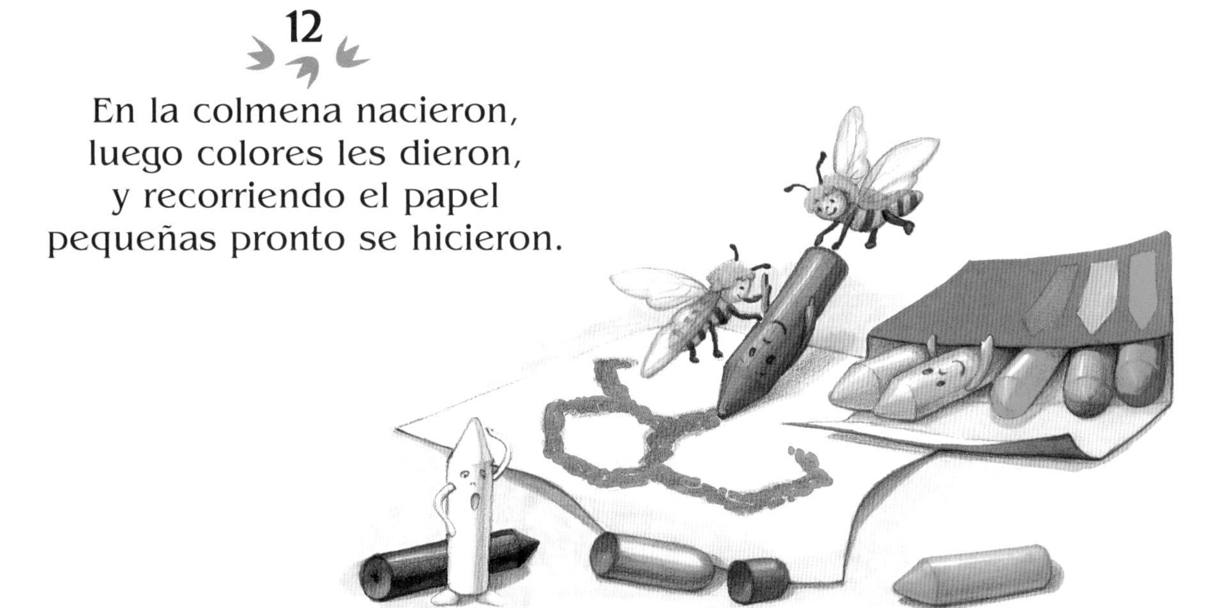

13

Da elasticidad
al cuerpo,
salud, vigor
y belleza;
es algo que
incluso algunos
confunden
con la magnesia.

14

Luna plateada
muy bien afilada:
de día trabajas
y de noche descansas.

15

Cuatro señoritas
van para Francia;
ruedan y ruedan
y nunca se alcanzan.

16

Tengo forma de patito,
soy arqueado y redondito.

17

Un animalito
con tres dientes
que a la boca nos trae comida
muy diligente.

18

Soy muy líquida y manchosa,
coloreo negra cualquier cosa,
y después de bien pintada
queda hecha una monada.

19

Una dama blanca
por un campo negro,
anda que te anda...
y el campo en su andar se llena
de blancas pisadas.

20

Rodando por un camino
van unos largos cajones
que producen mucho ruido
y van andando a empujones.

21

Dos redondelitos
muy arrimaditos.

22

Suelo ir de mano en mano,
hojas tengo y no soy flor,
y aun teniendo muchas letras
no soy de nadie deudor.

23

Llanura blanca
con flores negras
y varios bueyes
arando en ella.

24

Una alegre cantora,
con la boca en la barriga
y las tripas en la boca.

25

Dos grandes remos
están señalando
a doce hermanitas
que siempre van pasando.

26

Rasca, que raspa y brilla,
rasca, que raspa más;
y si insistes, mi chiquilla,
pronto lo encenderás.

27

Es liso como una tabla,
es negro como el carbón,
pero se llena de blanco
para darnos la lección.

28

Estoy presente en las fiestas,
y sin haber hecho daño
un ciego me da de palos
para repartir regalos.

29

Por el pico, pica,
y por la cabeza
saca tripa.

30

Aunque no soy caracol,
mi cuerpo es una espiral
y dando vueltas me clavo
en madera y en metal.

31

Tan chiquitita
como un ratón,
y guarda la casa
mejor que un león.

32

Corre sobre anillas
si tiras de una vez,
y cuelga de una barra
sujeta a la pared.

33

Soy un hombre con cabeza,
sin manos y un solo pie;
golpeándome con fuerza
me sujeto a la pared.

34

Iluminamos muy poco,
nuestra llama es vacilante;
cuando envejeces un año
nos apagas y te aplauden.

35

Si me mojas hago espuma
con ojitos de cristal,
y tu cuerpo se perfuma
mientras llega mi final.

36

Soy un palito
muy derechito
que sobre la frente
llevo un puntito.

37

De la calle me toman,
en la calle me dejan,
a todas partes entro
y de todas me echan.

38

Caja llena de soldados,
todos largos y delgados,
con gorritos colorados.

39

Una vieja con un diente
que llama a toda la gente.

40

Una serpiente
que corre y que vuela;
todos me saltan
sin que les muerda.

41

Pita y pita
caminando,
y humo negro
va arrojando.

42

Mis dientes son afilados,
y mucho brillan al sol;
aunque me falta la boca,
soy bastante comilón.

43

Golpe va y golpe viene
y en su puesto
se mantiene.

44

Redondito como un queso,
y con cien metros de pescuezo.

45

Soy una niña chiquita
con ojitos de cristal;
ando si me pones pilas
y a veces puedo llorar.

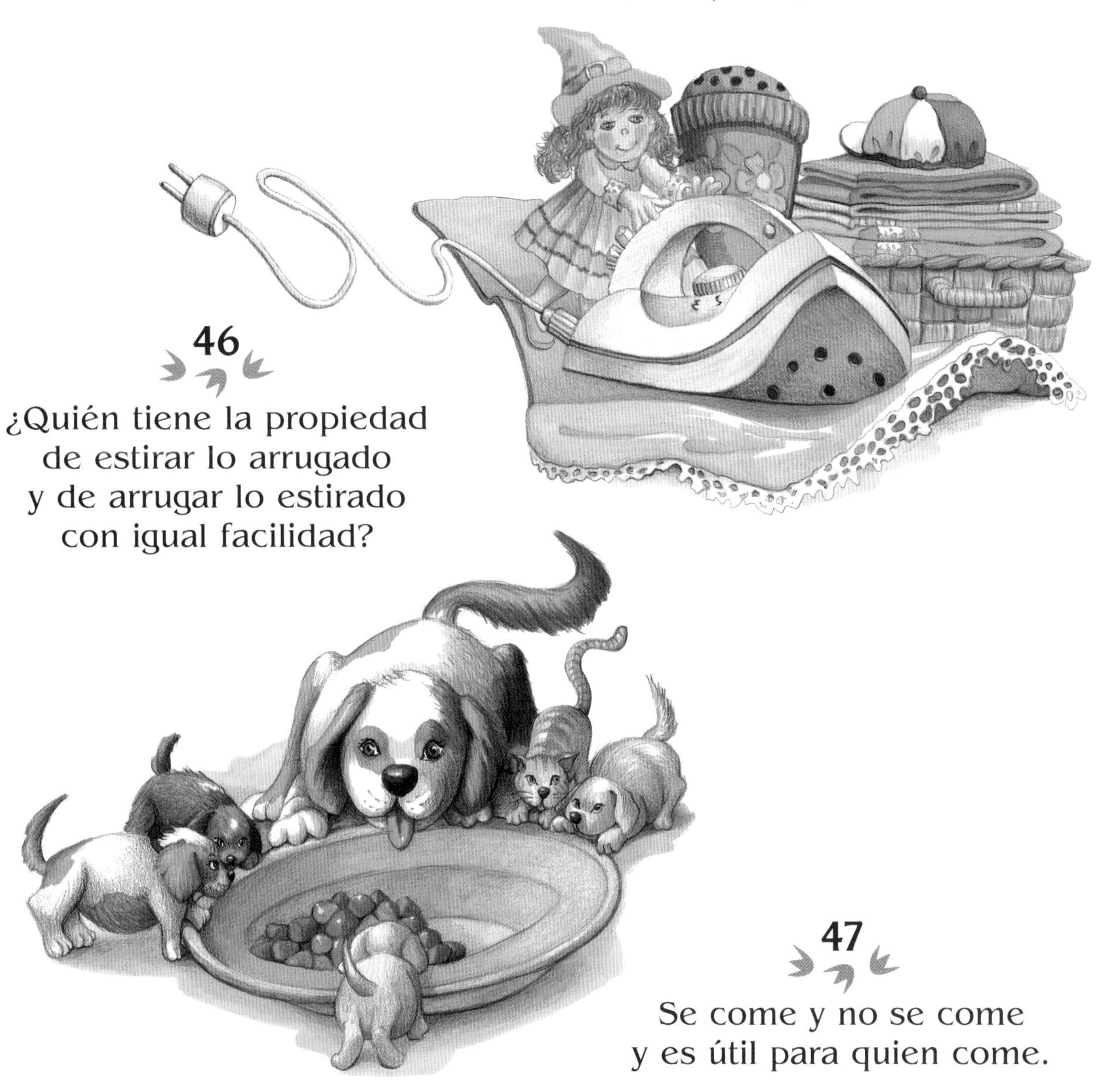

46

¿Quién tiene la propiedad
de estirar lo arrugado
y de arrugar lo estirado
con igual facilidad?

47

Se come y no se come
y es útil para quien come.

48

Dos ejércitos en pugna:
uno negro y otro blanco;
al lado del rey, la reina;
junto a la torre, el caballo.

49

Adivina quién soy:
cuanto más lavo,
más sucia estoy.

50

No es de carne ni de hueso,
aunque tiene un buen pescuezo.

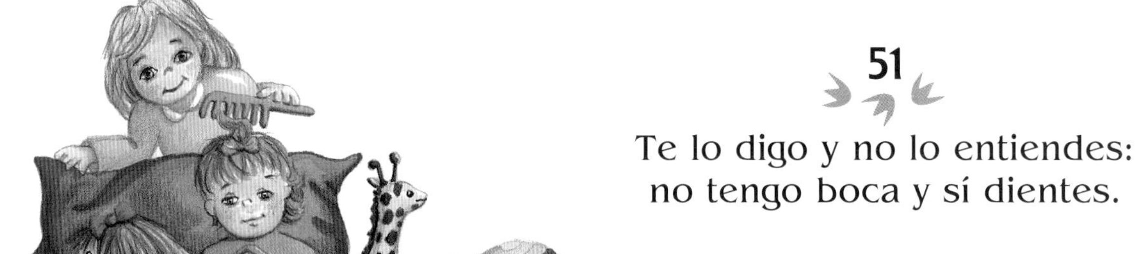

51

Te lo digo y no lo entiendes:
no tengo boca y sí dientes.

52

Mi hermana y yo, diligentes,
andamos siempre al compás,
con el pico por delante
y los ojos por detrás.

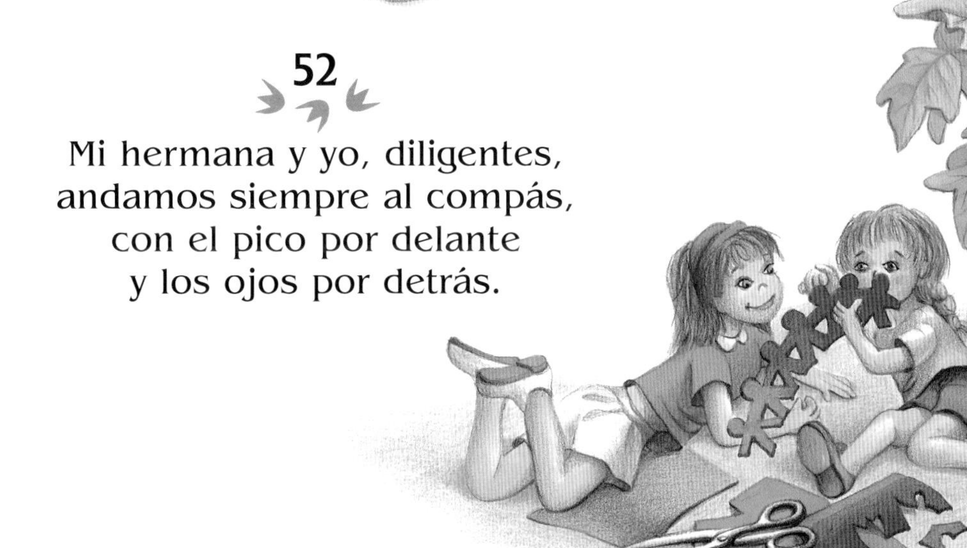

53

Todas las palabras sé,
y aunque todas las explique
nunca las pronunciaré.

54

Tiene luna
y no es planeta,
tiene marco
y no es la puerta.

55

Con el cuerpo sigue el ritmo,
con los pies marca el compás;
y seas pobre o seas rico,
conmigo disfrutarás.

56

Sube la llave
y la luz se hará.
Baja la llave,
no hay claridad.

57

Se trata de un caso extraño,
pues siendo siempre el mismo
vale mucho o vale nada,
según el sitio en que va.

58

Si me vierten por el suelo,
ya no hay quien me recoja;
y quien quiera sostenerme,
es seguro que se moja.

59

¿Qué cosa será aquella
que mirada del derecho
y mirada del revés,
siempre un número es?

60

Es largo, de madera
y romo,
y tiene muchos pelos
en el lomo.

61

Abierto siempre estoy
para todos los niños.
Cerrado y solo me quedo
los domingos.

62

Me rascan continuamente
de forma muy placentera;
mi voz está bien timbrada
y mi cuerpo es de madera.

63

Es profundo como un pozo,
pero si metes el dedo
enseguida tocas fondo.

64

Es un palo de cristal
con bolita terminal.
Con la mano lo cogemos
y así escribir podemos.

65

Bueno soy, pues fui cordero
y cuanto más me golpean,
más alegro y entretengo
al que tanto me palmea.

66

¿Qué es esa cosa tan loca
que cuanto más te secas con ella
más se moja?

67

Tengo cabeza de hierro
y mi cuerpo es de madera.
Al que yo le pille un dedo...,
¡menudo grito que pega!

68

Aunque no tengo boca,
como sin cuartel;
y rasco y rasco
aunque soy de papel.

69

Muy chiquitito,
muy chiquitito,
pone fin a lo escrito.

70

Mi cuerpo parece
un renacuajo
y en manos expertas
hago mi trabajo.

71

Soy finito y paliducho
pero estoy en todas partes:
en la escuela, en la casa,
y tú me utilizas mucho.

72

Todo en silencio.
Cuando suena el timbre
hasta el más pequeño
sale corriendo.

73

Vengo y voy, voy y vengo
dejando blanco
lo que era negro.

74

Redondo y sin pies,
¡cuanto me cuesta
dejar de rodar!

75

Cinco piedras con seis caras
que se agitan en un pozo,
y luego se desparraman
causando tristeza o gozo.

76

Fui redonda y transparente,
en el aire me elevé,
me hicieron de un soplido
y de un soplo terminé.

77

Sábana blanca tendida:
hormiguitas negras
bailan encima.

78

Saltaste tú, salté yo
sobre el cuero
y no se rompió.

79

¿Qué cosa será,
que cuanto más comes
más flaco se pone?

80

Verde en el monte,
negro en la plaza
y dentro del fogón
coloradito en casa.

La magia de las COSAS

SOLUCIONES

1 escoba
2 jarrón con flores
3 la mesa
4 baraja
5 sacapuntas
6 una tienda
7 maíz (palomitas)
8 caramelos
9 la radio
10 hilo
11 cuchara
12 ceras (de pintar)
13 gimnasia
14 la hoz
15 las ruedas
16 número 2
17 tenedor
18 la tinta
19 tiza y encerado
20 el tren
21 número 8
22 un libro
23 papel, letras, lápiz
24 guitarra
25 las horas
26 fósforos
27 encerado
28 la piñata
29 la aguja de coser
30 tornillo
31 llave
32 una cortina
33 clavos
34 velas
35 el jabón
36 letra i
37 el polvo
38 fósforos
39 campana
40 comba (cuerda)
41 el tren
42 serrucho
43 la puerta
44 un pozo
45 muñeca
46 la plancha
47 plato
48 ajedrez
49 agua
50 una botella
51 peine
52 tijeras
53 diccionario
54 espejo
55 el baile
56 interruptor de luz
57 número 0
58 agua
59 número 6
60 cepillo del pelo
61 colegio
62 guitarra
63 dedal (de coser)
64 bolígrafo
65 pandero o pandereta
66 toalla
67 martillo
68 papel de lija
69 el punto (escrito)
70 la llave de tuercas
71 hojas de papel
72 el recreo
73 goma de borrar
74 balón
75 juego de dados
76 burbuja
77 hoja de papel
78 palos (baquetas) del tambor
79 cuchillo
80 carbón

Las historias de SIEMPRE

1

Ave de hierro y acero
canta con fuerte zumbido.
No tiene plumas ni pico,
y el cobertizo es su nido.

2

Sólo por cielo o por mar
hasta mí podrás llegar.

3

Dime que deporte es,
que se juega con la cabeza
a la vez que con los pies.

4

Doy al cielo resplandores
cuando cesa de llover;
abanico de colores
que jamás podrás tener.

5

No soy ave ni sé piar,
pero ondeando mi cola
si tú me sabes guiar
subo al cielo sin tardar.

6

Es redondo como un balón
y le obedece todo el camión.

7

Tengo el cuerpo de madera,
la cabeza de metal,
y mi pasión preferida
es machacar y golpear.

8

Veintiocho caballeros
de espaldas negras y lisas;
delante, todo puntitos
que por ganar se dan prisa.

9

Bailo siempre derechita,
y si me empiezo a cansar,
tiemblo y caigo de cabeza,
y un niño me ha de ayudar.

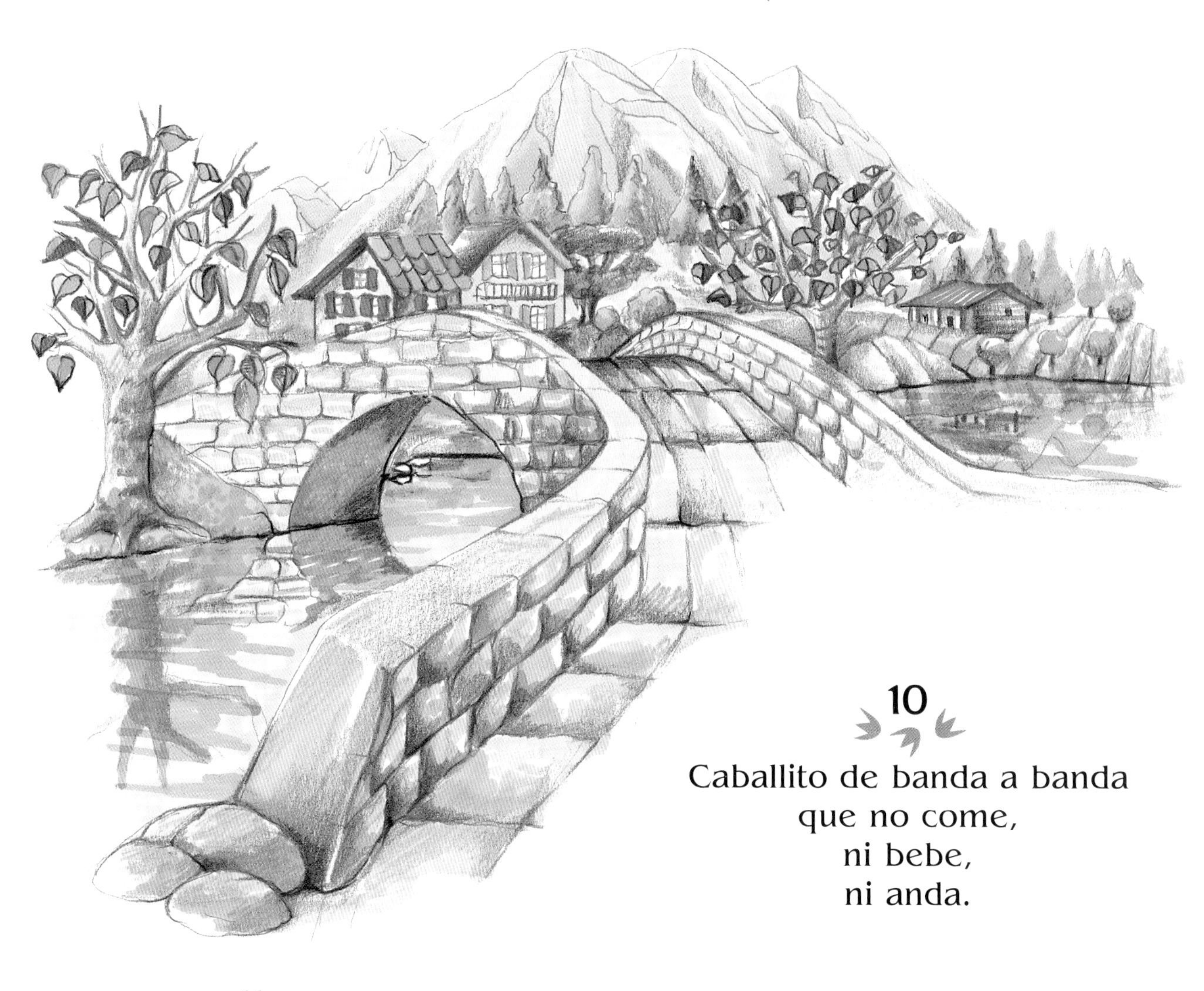

10

Caballito de banda a banda
que no come,
ni bebe,
ni anda.

11

Tengo ruedas y pedales,
cadena y un manillar,
y te ahorro gasolina
aunque te haga sudar.

12

En él viajan la familia
y el equipaje,
y se pasa la noches
en el garaje.

13

Ya se fue el verano
y otra estación llega:
como lluvia de oro
caen las hojas secas.

14

El sol tiene frío
y no quiere salir;
metido entre nubes
se ha puesto a dormir.

15

De la tierra voy al cielo
y a la tierra he de volver:
soy el riego de los campos
que los hace florecer.

16

Me llegan las cartas
y no sé leer,
y aunque me las trago
las sé devolver.

17

Redondo como la luna
y blanco como la cal;
me hacen con leche pura
y ya no te digo más.

18

¿Qué cosa es,
que cuanto más intensa se hace
menos se ve?

19

Soy transparente y pequeña,
y aunque de poco valor,
no habría mares ni ríos
sin mí y otras como yo.

20

Durante todo el invierno
me tienen agasajada
y en verano me arriconan
pues no sirvo para nada.

21

En medio
de un campo blanco
hay una flor amarilla
que se la puede comer
el mismo rey de Castilla.

22

Intentando que no escape
en tu mano la sujetas,
pero ella se te escurre
y al final ni rastro queda.

23

Una vieja
cabeza blanca,
sube y baja
por la barranca.

24

En el tejado me ponen
para que el aire me dé;
estoy siempre echando humo
y me sostengo de pie.

25

Es pequeño, pequeñito
más con tal poder y arte
que si no me pegan bien
no van a ninguna parte.

26

Hermosa cabellera,
muy adornada,
por todas partes
va iluminada.

27

Un árbol con doce ramas,
cada una con cuatro nidos,
cada nido siete pájaros
y cada cual su apellido.

28

En un monte
muy espeso
hay una mitad
de queso.

29

Torito negro,
cayó en el mar;
torito blanco
lo fue a sacar.

30

En un jardín verdín,
hay un potro, potranquín;
crespa la cola,
crespa la crin.

31

¿Cuál es el líquido
que reducido a nada
es más pesado
que una tonelada?

32

Una dama muy delgada
y de palidez mortal,
que se alegra y se reanima
cuando la van a quemar.

33

¿Cuál es la cosa que cruda
no existe, ni puede ser,
pero que si está abrasada
no se la puede comer?

34

Casa con dos cuartos,
nueva cada mes
y otras veces llena:
adivina quién es.

35

Bolitas, bolitas blancas
rebotan en caucho negro,
Y si no los coges pronto
tendrás agua entre los dedos.

36

¿Qué son las cosas
que entran en el río
y no se mojan?

37

Salimos cuando anochece,
nos vamos al cantar el gallo
y hay quien dice que nos ve
cuando le pisan un callo.

38

Cuando apenas he nacido
mi vida se acaba al punto;
aunque no soy el primero,
le sigo por todo el mundo.

39

Los mantos blancos
de doña Leonor
los montes cubren
y los ríos no.

40

Para unos soy muy corto,
para otros, regular;
para los tristes, muy largo;
para Dios, la eternidad.

41

Soy una bola grandota,
que gira constantemente,
y que pronto no sabrá
dónde meter tanta gente.

42

Abro mi propio camino,
por tierra no puedo andar
y cuando estoy en el agua
ando y ando sin parar.

43

Vueltas y vueltas
doy sin cansarme,
más si no bebo
paro al instante.

44

Aunque al fondo esté la playa
aunque al final haya un monte,
todos lo llaman la raya del...

45

Canto en la orilla,
vivo en el agua,
y no soy pez
ni soy cigarra.

46

Redondo, redondo,
me levanto al alba
y por la tarde
me escondo.

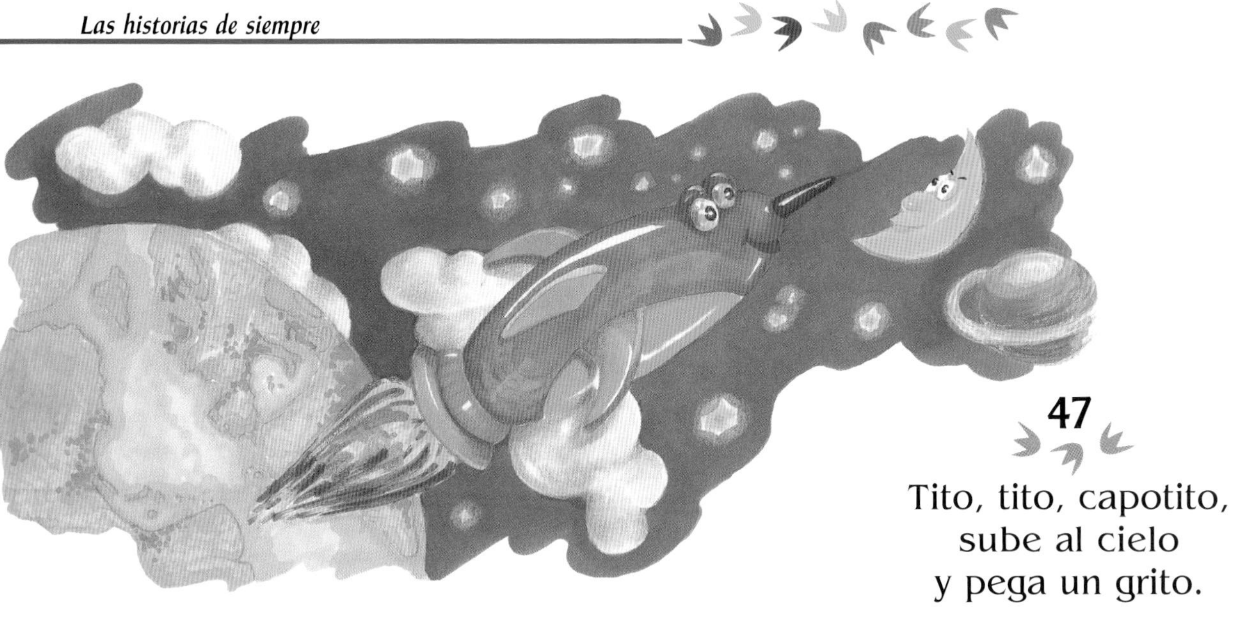

47

Tito, tito, capotito,
sube al cielo
y pega un grito.

48

Hermanos somos,
juntos andamos
y un pie cada uno
sólo llevamos.

49

Coronado en la cabeza,
calzo espuela pavoneada,
tengo barba colorada
y madrugo a la alborada.

50

Soy el Dartañán del mar,
de finísima estocada,
y me dedico a pescar
con mi nariz hecha espada.

51

Al nacer soy algo verde,
al morir soy algo rojo;
por dentro estoy más vacío
que la cabeza de un tonto.

52

Camina con la cabeza
y nunca tiene pereza.

53

Siempre estoy por las alturas,
blanca como la nieve,
y cuando lloro, en la tierra
ya van diciendo que llueve.

54

Es blanca como la leche;
negra como el carbón es;
habla aunque no tiene boca
y anda aunque no tiene pies.

55

Funciona con un enchufe
y con dos grandes antenas,
y su carita cuadrada
nos cuenta gozos y penas.

56

Somos más de una,
salimos con la luna;
si te pones a contarnos
no contarás ninguna.

57

Cae de una torre
y no se mata;
Cae en el río
y se desbarata.

58

Ya me pueden esconder
y taparme las salidas,
que de allí donde naciese
me escaparé enseguida.

59

Soy enemiga del sol
y en mí brillan muchos soles,
y a pesar de tantas luces
me iluminan con faroles.

60

Soy blanco como la nieve
y dulce como la miel.
Sé endulzarte los pasteles
y la leche con café.

61

Madre me labró una casa
sin puertas y sin ventanas,
y cuando quiero salir
rompo antes las murallas.

62

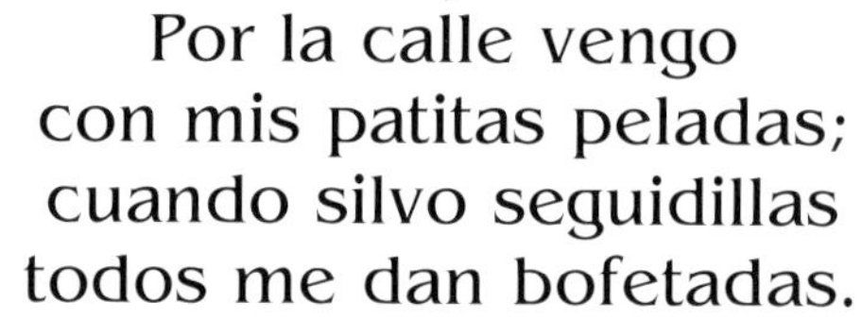

Por la calle vengo
con mis patitas peladas;
cuando silvo seguidillas
todos me dan bofetadas.

63

Blanca nace,
verde se cría,
e imita las voces
con fantasía.

64

Llevo secretos a voces
corriendo por esos mundos,
y si atiendes cuando aviso
los doy en unos segundos.

65

Brama como toro,
relumbra como el oro.

66

Aun sin ser importante
en la vida pinta algo,
y deja de trabajar
en cuanto se queda calvo.

67

Nazco y muero sin cesar,
sigo, no obstante, existiendo,
y sin salir de mi lecho
me encuentro siempre corriendo.

68

Es sinónimo de cueva,
fue guarida, fue hogar;
fue la primera vivienda
que el hombre pudo encontrar.

69

Dos maderos igualitos,
estrechitos, delgaditos,
descienden por la pendiente
bajando siempre de frente.

70

Con sus tripas arrugadas
soplidos da de dragón,
y oirás presto cómo grita
si le aprietas un botón.

71

Con dos patas encorvadas
y dos amplios ventanales
quitan sol o dan visión
según sean los cristales.

72

Muchas monjitas
en un convento
visitan las flores
y hacen dulces dentro.

73

Termino cabeza arriba
y empiezo cabeza abajo,
y tan sólo a preguntar
se limita mi trabajo.

74

Cien damas en un instante
a todas las vi nacer;
y a las cien en un segundo
las vi desaparecer.

75

Siempre voy de reja en reja
por encima de la red.
Si no sabe quién soy yo
poco deporte ha hecho usted.

76

No lo parezco y soy pez,
y mi figura refleja
una pieza de ajedrez.

77

Como una peonza
da vueltas al sol,
gira que te gira
sin tener motor.

78

Doce señoritas
en un mirador,
todas tienen medias
y zapatos no.

79

Tan redonda como un queso,
nadie puede darle un beso.

80

Muchos soldaditos,
todos muy blanquitos,
trabajan juntitos.

81

Vengo de padres cantores
y aunque yo no soy cantor,
tengo los hábitos blancos
y amarillo el corazón.

82

¿Qué será, qué será,
que junto a la puerta está
y que jamás quiere entrar?

83

¿Qué es, qué es,
que te da en la cara
y no lo ves?

84

Con alas, cola,
ruedas y pico,
no pensarás
que es pajarico.

Las historias de SIEMPRE

SOLUCIONES

1 avión
2 isla
3 fútbol
4 arco iris
5 cometa
6 volante
7 martillo
8 dominó
9 peonza
10 un puente
11 bicicleta
12 automóvil
13 el otoño
14 el invierno
15 lluvia
16 buzón de correos
17 queso
18 la oscuridad
19 gota de agua
20 estufa
21 huevo frito
22 arena
23 niebla
24 chimenea
25 el sello
26 la cola de un cometa
27 año, meses, semanas y días
28 media luna
29 día y noche
30 coles
31 aguacero
32 la vela
33 cenizas
34 la luna
35 copos de nieve
36 rayos de sol
37 estrellas
38 un segundo
39 la nieve
40 el tiempo
41 el mundo
42 un barco
43 molino
44 horizonte
45 rana
46 sol
47 cohete
48 los estribos
49 gallo
50 pez espada
51 pimiento
52 pelota
53 nubes
54 una carta escrita
55 televisión
56 estrellas
57 avión de papel
58 el humo
59 la luna
60 azúcar
61 pollitos
62 mosquitos
63 cotorra
64 teléfono
65 trueno
66 pincel
67 un río
68 caverna
69 esquís
70 acordeón
71 las gafas
72 abejas
73 signo de interrogación
74 chispas de fuego
75 pelota de tenis
76 caballito de mar
77 planeta Tierra
78 las horas
79 la luna
80 los dientes
81 el huevo
82 felpudo
83 viento
84 avión